König David

Emil Wachter

König David

Zu Emil Wachters biblischen Porträts

I

Wenn ein Kind malt, so tut es dies für sich selber, und der Ernst der Freude liegt auf seinen Zügen. Es denkt nicht an den Beschauer, es denkt nicht einmal an den zu malenden Gegenstand. Es denkt an sich und berücksichtigt dabei die am Horizont seiner Seele verschwindende Absicht. Versunken in sich selber malt es sich selber. „Zu malen wie Raffael wußte ich von Anfang an, aber ich brauchte 50 Jahre, um zu malen wie ein Kind" – soll Picasso gesagt haben.

Abbilden ist Beschwörung. Es ist das Festhalten oder Wiederbesitzen des Unverzichtbaren. In der Kunst des Erwachsenen ersetzt im allgemeinen Absicht die Unschuld. Die Eiszeit- und Zwischeneiszeitdarstellungen legen den Weg vom Gebet zur Chronologie zurück. Ägypten überschreitet die Schwelle zum Jenseits in seiner gewaltigen Anleitungskunst, während im Fernen Osten und im Iran, in Kreta und Knossos, ja in Südamerika die Keramik zu Kunst aufsteigt.

Seit den Anfängen wird Kunst von zwei Hauptphänomenen charakterisiert. Das eine ist die natürliche, wirklichkeitsnahe Darstellung, das andere die Abstraktion. Wir finden im farbenschäumenden China plötzlich eine Tuschemalerei, für die das Ungemalte, das Erratbare das Sujet ist und nicht das Ausgeführte. So wie seit Bach bis Chopin und Schubert das Höchste der Musik durch Pausen erreicht wird, so wie in der Baukunst nicht die Dekoration, sondern die Proportionen, also die Abstände, die Bewunderung des Betrachters erregen und das ästhetische Behaustsein bewirken, so bedient sich die fernöstliche Darstellung der Vorstellungskraft des Betrachters mehr als des Pinsels. Gleichzeitig aber finden wir von den ältesten Höhlenmalereien an bis zur Kykladenkunst, über Chaldäa herauf bis zu den Dorern, von China bis Peru die Abstraktion. Jedes Kunstwerk abstrahiert. Viel Zeitgenössisches aber, das sich Kunst nennt, abstrahiert die Abstraktion und wird zum Aufguß.

Wo die wirklichkeitstreue Darstellung dem Bedürfnis des Besitzergreifens, des doppelten Besitzes entgegenkommt, das aber durch seine Erkennbarkeit allgemein wird, tritt die Verschlüsselung durch die Abstraktion den Weg ins Spezifische an. Die Art wird Eigenart. Dem schwierigeren Zugang zur Kunst liegt eine Absicht zugrunde, es ist seit jeher die Absicht eines kleinen Kollektivs, sich die Macht der Auslegung zu sichern. Ob Hieroglyphe, Piktogramm, meso-amerikanische Reliefkunst, frühchristliche Symbolik oder moderne Kunst: stets bedurfte es der Auslegung durch Berufene, von denen man abhing. Auch heute noch verbirgt sich hinter der abstrakten Kunst sowohl der Große, dem es gelingt, das Wesen seiner Schau darzustellen, als auch die Unzahl der So-als-ob-Scharlatane. Da es nur eine beschränkte Anzahl von Wegen auf den Berg der Wahrheit – oder was wir dafür halten – gibt, vermag auch die Abstraktion nicht mehr, als entweder die innere oder die äußere Struktur eines Gegenstandes oder seine Farbe, seinen Eindruck auf den Gesichts-, Tast- und Geruchssinn, das Gehör oder die Empfindung zu abstrahieren. Die Lyrik, die Musik, die Malerei, Grafik, Bildhauerei schritten diese Wege aus. Dem „Jazz“ der Formen, Farben, Gefühle, der Botschaft der Freiheit eignete in den letzten Jahrzehnten des 20. Jahrhunderts ein gewisser Überdruß, und es melden sich berechtigte Zweifel an, ob einem Menschen, der an genaue Gesetze gebunden ist, um zu überleben, verboten werden kann, seinen eigenen Weg, d. h. auch den unmodernen zu gehen, wohin dieser auch führt. Die Toleranz ist nur noch verbal. Wer die meisten modernen Museen der Welt gesehen hat, kommt ärmer zurück, als er fortging. Sie halten ihr Versprechen nicht. Der Künstler, der sich dem Universum unterordnete, war größer als der, der sich ihm heute überordnet.

Emil Wachters Arbeit entzieht sich dort der Beschreibung, wo es jede Kunst tut, wenn sie ihre eigene Sprache spricht. Es wäre verwegen und fehl am Platze, die Anschauung ersetzen zu wollen. Das Volk angewehter Gesichter, deren Züge aus einer Tiefe der Zeit und der Farbe den Augenblick suchen, findet seine Entsprechung in den gleichzeitigen Erkenntnissen Heisenbergs. Der Mikrokosmos in seiner Nicht-Festlegbarkeit wird uns anhand der Darstellung eines Künstlers zum Besitz. Es gibt nichts Moderneres als die Gerade-noch-Erkennbarkeit dieser nahenden und wieder schwindenden Antlitze, deren Züge, Farbe, Ausdruck im Entstehen schon wieder vergehen, die zusammentreten, um ein Jahrtausend oder zwei oder drei flüchtig zu repräsentieren wie in diesem Band „König David“, aber im Grunde der Zwischenwelt angehören, aus der der Künstler sie beschwor. Das Auffallende und Einzigartige bleibt die Dynamik des Erscheinens und Verschwindens. Gesichter, wie sie noch niemand sah, in Farben, die ihre Stimmung und ihre Geschichte wiedergeben und eher das Verglühen einer Anreise ausdrücken, als das Bewohnen einer bestimmten Welt. Keine Erleichterung durch somatische Stützen, kein roter Verständnisteppich aus Architektur und bildlichem Hinweis führt in die Epoche, aus der die Gestalten treten. Wer an Seelenwanderung glaubt, hat es leichter, das Phänomen Wachter einzuordnen; Wachter hinterläßt Erinnerungen an bisher nie Gesehenes und lehnt nirgends. Zu Wachters Blumen zu gehen, zu ihm oder zu seinen Gesichtern, es ist immer dasselbe: der Stolz der Begegnung und die Gewißheit, die eigene Zeit einer Kunst zu leihen, die Ausdruck und Asche von mehr ist. Kunst wieder zurückgeführt auf ihre Mittlerrolle von etwas, das sich nur durch sie ausdrücken läßt, ohne sie zu sein. Kunst, die sich der Eitelkeit, der Billigkeit, dem Marktschreierischen versagt.

Künstler, die ihren Namen verdienen, suchen sich gewöhnlich den schwierigsten Weg, um ihre Kräfte zu messen, und achten nicht darauf, wie der Berg heißt, auf den sie streben. Wachter, dem sich unzählige Motive der Bibel im Repertoire seiner sonst uneinstufbaren Porträts einstellen, ohne sie gesucht zu haben, kann nur Oberflächlichen oder Böswilligen ideologisch festlegbar scheinen. Wir leben in einer Zeit, in der Beharrlichkeit und ruhiges Wachsen verdächtig wirkt. Aber was kann ein Baum anderes als wurzeln. Wachters Kunst nimmt in der deutschen Gegenwartsmalerei einen Platz ein, der viele in Verlegenheit bringt, und man frägt sich mittlerweile nach dem Grund. Wer die Malerei Wachters verfolgt, ist dankbar, durch eine neue Welt geführt zu werden, die auf Gewolltes souverän verzichtet und sich an ihrer Zeit dort mißt, wo Tendenzen enden.

Karl Lubomirksi

1 Der junge Samuel

wurde vom Hohenpriester Eli am Bundesheiligtum erzogen. Seine Mutter Hannah hatte nach langer Kinderlosigkeit diesen Sohn dem Dienst des Herrn versprochen.
Samuel hört nachts seinen Namen rufen und geht zu Eli in der Meinung, dieser habe ihn gerufen. Eli schickt ihn aber zurück, er habe ihn nicht gerufen. Der Vorgang wiederholt sich dreimal, und beim drittenmal erkennt Eli, daß der Knabe von Gott gerufen worden sein müsse und gibt ihm den Auftrag, die Stimme um eine Botschaft zu bitten.
Die Botschaft enthält die Ankündigung des Strafgerichts für Eli und seine Familie wegen zu großer Laschheit gegenüber seinen verkommenen Söhnen. (1 Sam 3, 1–21)

2 Hannah

Mutter von Samuel, der nach Elis Tod dessen Nachfolger und damit der Erste im Staat wird.

3 Isai

Samuel kommt Isai besuchen, und dieser erschrickt. Wenn Samuel auftaucht, geschieht etwas Einschneidendes. Er verlangt, Isais Söhne zu sehen. (1 Sam 16,1)
Isai stellt Samuel seine sieben Söhne vor. Den achten, jüngsten, von einer Nebenfrau stammenden, vergißt er. Es ist der junge Hirt David, der im Stall schläft (schlafen muß? Es ist der Stall in Betlehem).
David (= der Geliebte), der achte, der eine neue Welt eröffnen wird.

eben König geworden. Ein Macht-Typ? Bei seiner Proklamation zum ersten König Israels versteckt er sich. Was ihn später in seiner Schwermut brutal erscheinen läßt, ist die Notwehr eines Herrschers, der seinen jungen Rivalen von allen gefeiert neben sich sehen muß, und die eigenen Kinder laufen jenem in die Arme. Die Tochter Mikal liebt David und wird, obwohl es Saul zu verhindern sucht, dessen erste Frau, und der Kronprinz Jonatan verbrüdert sich mit ihm. (1 Sam 15)

5 Der junge David

»Er aber war blond; auch hatte er schöne Augen und war wohlgebildet.« (1 Sam 16,12)
Daß jemand in der Bibel nach seinem Aussehen geschildert wird, ist absolute Ausnahme. David ist die Ausnahme. Zum kommenden König von Israel gesalbt (was aus Angst vor Saul heimlich geschehen mußte), ist er das Vorbild des Messia-Königs, der als »Davids Sohn« ebenfalls in Betlehem geboren werden wird und vor dem Herodes zittert, der Mächtige vor dem Machtlosen.

6 David wird zum König gesalbt

Samuel, der schon Saul zum König gesalbt und proklamiert hatte, führt gegen das eigene Gefühl (denn er liebt Saul) im Auftrag des Herrn in aller Heimlichkeit diese hochexplosive Zeremonie durch. Indem der neue König gesalbt ist, wackelt der Thron des alten. Dabei ist Saul noch nicht alt und ein tüchtiger Regent und erfolgreicher Feldherr. Aber er nimmt es mit dem Gehorsam gegenüber den Befehlen Samuels, die Gottes Befehle sind, nicht so genau.

7 Saul

»Des Herrn Geist aber wich von Saul. Ihn verstörte ein böser Geist vom Herrn.« (1 Sam 16,14)
Ein böser Geist vom Herrn? So steht es zweimal da. Sauls Weg führt unabwendbar ins Dunkel, wie derjenige Davids ins Licht. Und der Grund? Was sich Saul zuschulden komnmen ließ, ist in modernen Augen eine Lappalie, eine menschliche Anwandlung. Er hatte den besiegten König Agag verschont, statt ihn nach Samuels Befehl hinzurichten.

wird von einem Diener Sauls so geschildert: »Ich habe einen Sohn des Betlehemiten Isai gesehen. Er ist des Saitenspiels mächtig und ein tüchtiger Krieger. Kampferprobt, dazu wortgewandt und ein Mann von Wuchs. Und mit ihm ist der Herr.« (1 Sam 16,18)
Saul läßt ihn kommen, »und er gewann ihn sehr lieb, und so wurde er sein Waffenträger«. Und wenn ihn die Schwermut überfiel, mußte David die Zither spielen und singen. Der junge Liedermacher ist der Vertreiber der Schwermut Sauls und zugleich deren Quelle, denn Saul ahnt schon bald in ihm den gefährlichen Rivalen.

9 Goliat

Das riesenhafte Großmaul läßt an homerische Helden denken, wo drastische Wortgefechte dem Zweikampf vorausgehen. In seiner Sonnenbrille spiegelt sich der kleine David, dessen Herausforderung der Riese als persönliche Beleidigung auffaßt.
Davids Mut und Sieg bleibt eins der großen Menschheitsbilder für Hoffnung gegen alle Bedrohung durch Brutalität und redegewandten Stumpfsinn quer durch die Geschichte.

666

10 Jonatan

Nicht genug, daß Saul seine Tochter Mikal an David verliert – auch der Kronprinz Jonatan stellt sich auf Davids Seite und begeht damit in den Augen des Königs nicht nur Hochverrat, sondern politischen Selbstmord. Schon im eigenen Interesse müßte er gegen ihn aufstehen. Statt dessen schließt er mit David Blutsbrüderschaft.

11 Mikal

In letzter Minute konnte David vor den Häschern Sauls entkommen, weil Mikal ihn aus einem Fenster unbemerkt herunterlassen konnte. Um Zeit zu gewinnen, legt Mikal eine große Puppe in Davids Bett, die von den Häschern mitgenommen und zu Saul gebracht wird. Mikal muß vor den wütenden König, und sie kann sich nur retten, indem sie ihm vorlügt, David hätte gedroht sie umzubringen, wenn sie ihm nicht zur Flucht verhelfe. Mikal verliert zugleich ihren Mann und ihren Vater.

12 Achimelek

Der Priester, der David unterstützt und zur weiteren Flucht verholfen hatte. Er wird verraten und vor den König gebracht. Hier vor seiner Hinrichtung, als sähe er, was nach seinem und seiner Familie Tod darüber hinaus Schreckliches geschehen wird: Die ganze Stadt Nob, »Männer und Frauen, Knaben und Säuglinge, ebenso die Rinder, Esel und Schafe« (1 Sam 22,19) werden getötet. Saul nimmt Rache, wo er sie bekommt. In seiner Wut ist er wie in seinem Schmerz maßlos. Wissend, daß alles verloren ist, stürzen ihn diese Untaten in noch größere Hilflosigkeit.

13 Saul und Davids Schatten

Der Regierende im Schatten des jungen Kommenden, den er als Bedrohung empfindet. Ein Jahrtausend später ist es Herodes, der vor dem Kind erzittert, das der Sohn Davids heißen wird.

Saül
17.7.70
E. Walter

sieht Saul in seiner tiefsten Schmach. Samuels Geist, den sie auf Sauls Bitte beschwört, wiederholt ihm den Grund seiner Verwerfung: Ungehorsam. Vom König wird Gehorsam verlangt. Ein Wort, das unsere Zeit kaum noch kennt. Wem sollte der Emanzipierte auch Gehorsam schulden? Saul ist ein moderner Geist. An seinem Schicksal gäbe es zu lernen.

Samuels Worte lauten: »Morgen bist du mit deinen Söhnen bei mir. Auch Israels Heer gibt der Herr in die Hände der Philister.« (1 Sam 28,19)

Alles ist verloren. Saul fällt ohnmächtig um. Die Frau versucht ihn zu trösten und setzt etwas zu essen vor. Saul nimmt an, eine berührende Szene. Ein bißchen Gründonnerstag: das Abendmahl vor dem Opfergang.

15 David trauernd

»Ihr Töchter Israels, weint über Saul ... Mein Bruder Jonatan, so leid ist mir um dich! Du warst mir gar so hold. Noch wundersamer war mir deine Liebe denn Frauenliebe ... Wie sind die Helden hingestürzt!« (2 Sam 1,24–27)
Davids Klage vor allem um den Freund klingt echt – trotzdem mag sich damit das Wissen um die eigene politische Karriere mischen. Bei diesem überquellend Begabten gerät die Totenklage auch zur Selbstdarstellung, er kann gar nicht anders.

hört sich Abigails Rede an. »Als Abigail David erblickte, stieg sie schnell vom Esel, warf sich bei Davids Anblick auf ihr Antlitz, beugte sich zu Boden, warf sich ihm zu Füßen und sprach: »Auf mir, mein Herr, liegt die Schuld. Möchte deine Magd vor dir reden dürfen! Höre die Worte deiner Magd an!« (1 Sam 25,23–24)
Und nach diesem Zeremoniell stolzer Unterwürfigkeit folgt als Meisterstück orientalischer Eloquenz Abigails Rede, in der sie an echter Bewunderung wie Schmeichelei nichts ausläßt, was bei David ins Schwarze trifft. Zu dieser Frau schießt Liebe in ihm auf.

17 Abigail

»Da sprach David zu Abigail: Gepriesen sei der Herr, Gott Israels, der dich mir heute entgegenschickte; gepriesen sei deine Klugheit und gepriesen seist du selbst, die mich heute zurückzuhalten wußte, in Blutschuld zu kommen und mir selbst zu helfen.« (1 Sam 25,32–33)
Dann schickt er sie nach Hause zurück, wo sie ihren Mann Nabal schwer betrunken antrifft. Aber erst am Morgen eröffnet sie ihm das Erlebte.
Vorausgegangen war, daß David von Nabal schwer beleidigt wurde. Selbst eine Art Bandenchef, sorgte er in der Wüstengegend, wo die Nabal'schen Güter lagen und Räuber sich herumtrieben für Ordnung, sodaß Nabal ihm Dank schuldete. Statt dessen aber beschimpfte er Davids Abgesandte, die er bei der Schafschur zu Nabal geschickt hatte, um als eine Art Tribut Verpflegung entgegenzunehmen. Abigail als Zeugin der Szene ließ sofort Esel satteln und mit Geschenken beladen und ritt mit Dienern noch in der Nacht David entgegen, während dieser schon zum Rachezug unterwegs war.

EMIL WACHTER

EMIL WACHTER

Selbstproträt, Aquarell, 1979, 56 × 43 cm

Maler, Grafiker, Bildhauer, geboren 1921 in Neuburgweier/Baden. Studium der Philosophie und Theologie in Freiburg/Breisgau, dazwischen von 1941—1946 unfreiwilliger Kriegsdienst in Rußland und Frankreich, einschließlich Gefangenschaft.
1943 Beginn der Ölmalerei als Soldat in Frankreich. Während des Theologiestudiums und danach Studium der Malerei und Bildhauerei in München und Karlsruhe, hier zuletzt bei Erich Heckel. Dazwischen längere Aufenthalte in Frankreich, vor allem in Flandern, Dordogne und Paris.
1952 Staatsexamen und beginnende freie Tätigkeit, verbunden mit Reisen in Skandinavien, Frankreich, Spanien und Portugal.
1954 Sommer in Schweden. Dort vehementer Einsatz des Aquarells, das seither zusammen mit der Zeichnung der Haupt- und Unterstrom der ganzen künstlerischen Arbeit geblieben ist.
1956 Heirat mit Pia Ruf, 5 Kinder.
1958—1963 Lehrtätigkeit an der Akademie der bildenden Künste, Karlsruhe, danach wieder frei tätig.
An Auszeichnungen unter anderen
Hans-Thoma-Staatspreis Baden-Württemberg 1966

Titelseite
Judäischer König, Aquarell, 1980, 30 × 39 cm

AUSBLENDEN DES UNWESENTLICHEN

Porträts und Aquarelle von Emil Wachter

Von Emil Wachter neben biblischen Porträts auch Blumenbilder und Landschaften ausgestellt zu sehen, muß denjenigen verwirren, dem dieser Bildhauer und Maler ausschließlich im sakralen Raum zu Hause scheint. — Etiketten sind immer schnell zur Hand; das gilt generell, und das gilt um so entschiedener, geht es um den künstlerischen Bereich. Bevor da nicht die Schublade irgendeines Ismus die Einordnung des Künstlers XY erlaubt, ist es den Kritikern und dem Publikum nicht wohl. Bei Emil Wachter heißt der Ismus, er sei ein Kirchenmaler, ein Kirchenkünstler. Wer das weiß, schiebt die Lade zu und ist beruhigt.

Aber diese Lade ist zu klein, und überdies ist sie schlecht beschriftet. Darüber, daß Wachter höchst irdische und alltägliche Gegenstände mit gleicher Liebe und mit ruhiger Sensibilität aufs Blatt zu bringen weiß — darüber ist nicht lange zu reden: die „Beweisstücke" sind in dieser Ausstellung zu sehen.

Und der Kirchenmaler? Versteht man darunter einen Künstler, der Kirchen mit seiner Kunst bereichert und vielen Menschen neu erschlossen hat, dann mag dieser Begriff angehen. Er bedeutet in Wachters Fall Glasfenster, Betonreliefs und monumentale Plastiken; die biblischen Porträts stehen zu den genannten Arbeiten in thematischer Nähe, sind aber doch wieder ganz selbständig zu betrachten. Darüber gleich mehr.

Versteht man unter einem Kirchenmaler aber einen realitätsblinden Frömmler oder einen ideologischen Dienstmann, so hat man Emil Wachters religiös gebundene Werke entweder nie gesehen oder schlimm verkannt. Denn gerade seine kirchlichen Arbeiten sind denkbar weit von süßem Nazarenertum oder von einem pontifikalen Gestus entfernt.

Wer also einen Kirchenmaler nirgends anders ansiedeln zu können meint als irgendwo zwischen der zarten Gläubigkeit eines Fra Angelico und den Serienlieferanten frommer Weltabgewandtheiten, der sollte bei Wachter die Probe aufs Exempel machen, etwa in der Autobahnkirche bei Baden-Baden. Kirchliche Kunst ist hier, schon von den Materialien her, Nachbarschaft zur Welt, Blick in diese Welt. Das wird dann durch die Motivwahl und deren Ausformung noch mehr unterstrichen. Da ist vieles aktuell, profan, irritierend, schockierend und von jener überdeutlichen Brutalität des Vor-den-Kopf-Stoßens, die ein heutiger Beschauer braucht, ob er nun regelmäßig den Gottesdienst besucht oder nicht.

Da werden in dem Autokopf des Sintflut-Riesen oder im Tanz ums Goldene Kalb oder in der Sodomiterei der Schenkel und der Messer die fernsten Zeiten zusammengezwungen, da wird der damals wie heute geltende Un-Sinn montiert; und was im ersten Hinsehen ganz und gar unvereinbar wirken mag, erscheint dem zweiten Blick als stimmig, bei aller Provokanz: die immergleiche Hoffnung, das Versagen, die Angst, die Protzerei, die Kraft und die Schwäche.

Das Alte Testament ist 1492 oder 1789 oder 1984; die Apokalypse hat Dauerkonjunktur; die Schemata des staatlich oder militärisch oder gesellschaftlich organisierten Wahnwitzes bleiben Meldungen vom Tage.

Die biblischen Porträts Emil Wachters sind von derselben geschichtsbuchenthobenen Aktualität: das sind Köpfe von heute als Köpfe von vor 5000 Jahren, menschliche Modelle, die ihre Physiognomien vom Alten Testament konstant hielten bis zu unseren Nachbarn aus dem Block nebenan. Wachter arbeitet mit Signalen der Verwandtschaft und ohne die Kothurne von Entrückung und Überhöhung. Sein Figurenarsenal bleibt auf jenem Boden, der Begegnung zuläßt und Freundschaft, Widerspiegelung und Konfrontation. Frommer Exotismus ist ebensowenig gefragt wie schulterklopfende Anbiederung. Das sind Köpfe, mit Respekt geformt, Respekt verlangend — nicht, weil sie einer ehrwürdigen Schrift entstammen, sondern weil es ferne Nachbarn sind, mit ihrer Stärke und ihrem Übermut, mit ihrer Heilsgewißheit und ihrer Erbärmlichkeit.

Biblische Porträts — dies steht als nüchterne Einsicht dahinter — können nur sprechen, wenn ihre Züge nicht unter der Patina sagen-hafter Unverbindlichkeit verfliegen. Die strengen und präzisen und häufig genug schrecklichen Botschaften des Alten Testamentes gewinnen nur Warnwert, wenn sie vertraut und damit unbequem nah erscheinen. — Wer Wachters biblische Porträts nur als Ahnengalereie lesen würde, hätte sie mißverstanden: die Frau des Potiphar sitzt an der Kasse des Supermarkts, die Bundeslade liegt im Keller vollklimatisierter Verwaltungstürme, die babylonische Sprachlosigkeit verhöhnt sich auf jahrelangen Konferenzen.

Die biblischen Porträts bilden Physiognomien, die jahrtausendealte Namen tragen und denen wir auf der Straße begegnen. Läßt man die Bildunterschriften beiseite, stellt sich heutige Betroffenheit ein. — Die Landschaften und Stilleben, auch das Kinderbild von Wachters Enkel Maximilian, bringen gedanklich die Gegenbewegung: sie zeigen, aus weiterer oder engerer Optik, das Immer-Schon, den gültigen Augenblick, die Welt in Ruhe. Diese Bilder sind genausoweit von effekthascherischer Stimmungsmalerei entfernt, wie es die Porträts von der Historienmalerei sind. Und diese Bilder verzichten zudem auf den romantisierenden Naturalismus floraler oder geographisch dramatisierender Detailschwelgereien.

Jenseits aller Einzelmotive zeigt sich auf diesen Bildern ein sicheres und stets in ruhiger Balance befindliches Gespür für Raum, für Proportionen, für die Großzügigkeit des Weglassens und für das Stehenbleiben selbstbewußter Einsamkeiten. Was ins Bild gebracht wird, erscheint als Insel im Weißraum oder als Ausgrenzung aus diesem.

Ein Boot, eine Blüte, ein paar Kirschen, ein Berghang, ein Kindergesicht — alles schwimmend im Nicht-Gemalten, einsam und glücklich, in einem Separée von Atemluft und von Freiheit für das Geschenk ungestörten Alleinseins — Wachters Isolierungen entpuppen sich als Ausgrenzungen aus Bedrängnis und Angestrengtheit, aus Masse und Gleichmacherei, als Wegschieben falscher Gemeinsamkeiten.

Man hätte dies früher den Blick fürs Wesentliche genannt; aber dieser Befund ist inflatorisch geworden und mithin nicht mehr verwendbar. Rauhen wir diese Wendung also auf, indem wir sie vom anderen Bild-Ende her nehmen: Wachters Landschaften und Stillleben zeichnen sich dadurch aus, daß sie das Unwesentliche ausblenden.

Und dieses Moment ist allen drei Bildbereichen — den biblischen Porträts, den Blumen- und den Landschaftsbildern — gemeinsam: die Konzentrierung, die ruhige Sammlung: das Alleinstehen, das nicht frierende Abkapselung bedeutet, sondern Bündelung von Kraft.

Man könnte das meditative Spannung nennen oder selbstgenügsame Ruhe oder eine Isolierung, die regenerativ wirkt. Wie auch immer man es in Worte bringen mag: was in diesen Blättern durch Form gebildet, durch Farbe geladen und durch weiße Ränder oder Zwischenräume strukturiert wird, ist keine Botschaft ästhetisierender Raunerei. Vielmehr sind es schlichte Hinweise, im Hinschauen auf eine eindringliche Bildsprache nachzuvollziehen, daß das Alte nicht fern sei, das Schöne nicht pompös und das Schwierige nur dann erträglich, wenn es transparent gemacht und auf den Punkt gebracht wird, wo dem Künstler die Hebammenarbeit zukommt und dem Betrachter die Dankbarkeit schauenden Dazulernens.

Wachters Bilder sind keine spektakulären Kunstmarkt-Kapriolen und keine röhrenden oder eifernden Botschaften, sondern — bei aller Schönheit — asketische Versuchsanordnungen: auf das Einfachste und Sparsamste reduzierte Angebote, es mit der Kompliziertheit der Welt immer neu aufzunehmen und dem kopflosen Babel kleine Leuchttürme entgegenzusetzen, Wegzeichen, Sinnzeichen.

Dr. Günther Mahal
Direktor des Faust-Museums, Knittlingen

Kirschen, Aquarell, 1982, 43 × 56 cm

Noëmi, Aquarell, 1980, 30,5 × 20 cm

Jaël und Sissera,
Guasch 1983, 100 × 70 cm

Tanz, Guasch, 1983, 100 × 70 cm

Enosch, Aquarell, 1979, 43,5 × 28 cm

Tanz der Salome,
Guasch, 1983, 100 × 70 cm

Clochard, Guasch, 1983, 100 × 70 cm

Verschneiter Hügel, Aquarell, 1977, 36 × 48 cm

Rhododendron-Zweig,
Aquarell, 1983, 56 × 43 cm

Samuel, Aquarell, 1981, 56 × 42 cm

Blind, Aquarell, 1980,
28 × 21 cm

Rebekka, Aquarell, 1980, 27,5 × 22 cm

Ada, Aquarell, 1979, 29 × 21 cm

Athleth, Guasch, 1983, 100 × 70 cm

Boote, Aquarell,
1979, 55,5 × 44 cm

WEITERER WERDEGANG

1963—1966 intensives Öl-Malen, daneben grafische Zyklen, Aufträge in Gobelin, Glas- und Wandmalerei. Viele öffentliche Arbeiten im In- und Ausland, von denen vor allem die Reliefzyklen in Beton mit ihrer Einbindung in die Architektur geschlossene Bilderwelten darstellen: St. Kilian Osterburken, St. Gallus Konstanz, St. Elisabeth Landau/Pfalz, Ökumenisches Zentrum, St. Jakobus Frankenthal/Pfalz, Bildsteine im Jugenddorf Seckach — Klinge, Autobahnkirche St. Christoforus Baden-Baden, Schloßbergsteg Freiburg/Breisgau, Adveniat-Krypta im Dom zu Essen, St. Josef in Hörnum/Sylt. Die Arbeiten in Landau und Frankenthal jeweils 1975 und 1978 mit dem Staatspreis für Architektur (Architekten Wolfgang Hirsch und Walter Klumpp) und Bildende Kunst des Landes Rheinland Pfalz ausgezeichnet. 1974—1975 Aufenthalt in Bonn, wobei die gezeichneten Porträts der politischen und publizistischen Prominenz sowie zeitkritische grafische Zyklen entstehen.
Ausstellungsbeteiligung und Einzelausstellungen in mehreren europäischen Ländern und in Amerika. Arbeiten in vielen öffentlichen und privaten Sammlungen.

BÜCHER UND PUBLIKATIONEN

(neben vielen Ausstellungskatalogen)

20 Wiedergaben nach Radierungen, 1966 (Berenz)

Genesis, Das Gesicht der Urväter, 1970 (Herder)

Osterburken St. Kilian, Eine Bilderwelt in Beton, 1976 (Selbstverlag)

Eine schöne Welt, 1976 (Gönner)

Höri, Porträt einer Landschaft, 1977 (Stadler)

Paare der Bibel, 1978 (Kath. Bibelwerk)

Die Bilderwelt der Autobahnkirche Baden-Baden, 1980 (Herder)

Weinreb hören und sehen, 1980 (Thauros)

Skizzen zu Matthäus, 1981 (Walter)

Biblische Porträts, 1982 (Thauros)

Mehrere grafische Mappenwerke,
zuletzt Singener Trilogie

Gesichter zur Bibel 1983

19 Mikal

»Als aber die Lade des Herrn in die Davidstadt einzog, hatte sich Sauls Tochter Mikal durch das Fenster gebeugt. Da sah sie den König David vor dem Herrn springen und tanzen. Und sie verachtete ihn in ihrem Herzen.« (2 Sam 6,16)
David hatte sie nach Sauls Tod sofort zurückverlangt – vielleicht aus Liebe, sicher aber auch zur Legitimierung seines Königtums. Und Mikal? Die lange Trennung, der Untergang ihres Hauses, die militärische und politische Katastrophe waren von dieser stolzen Frau mit nachwirkender Erschütterung erlebt worden. Sie war die Königstochter, er ein Hirt und Emporkömmling. Und so hüpft er auch herum ...

E.Wa 88

von Mikal öffentlich brüskiert: »Wie ehrenvoll hat sich heute Israels König betragen, der sich vor den Augen der Mägde seiner Diener entblößt hat, wie sich die Verrückten entblößen!«
Davids Antwort kommt mit derselben Schärfe und wohlgezielt: »Dies geschah zur Ehre des Herrn, der mich vor deinem Vater und seinem ganzen Haus vorgezogen hat, um mich zum Fürsten über das Volk des Herrn, über Israel, zu bestellen. So habe ich vor dem Herrn gespielt« – und sein Ton verschärft sich bis zum Sarkasmus, 2 Sam 6,22 ff, und zu der Schlußbemerkung des Chronisten, daß Sauls Tochter Mikal von David kein Kind bekam bis zu ihrem Tod.

21 David sieht Batseba

Es ist Krieg, David aber zu Hause. Sommernacht. David sieht von der Höhe des Palastes in einem benachbarten Garten eine schöne Frau baden.

22 Batseba

David läßt sofort nach ihr schicken und sie in den Palast bitten. Und er schläft mit ihr.

23 Mikal

die David trotz allem noch immer liebt.

24 Batseba

nach der Liebesnacht mit David wieder in ihrem Haus. Sie ist die Frau eines hethitischen Offiziers, der an der Front kämpft. Und sie ist schwanger von David.

25 David

erhält von Batseba die Nachricht, sie sei schwanger.
Was tun?

während David an Urija denkt, den Gatten Batsebas. Er wird zu einem Sonderurlaub nach Hause abkommandiert. Aber David, der ihn mit besonderen Ehren verwöhnt, erreicht nicht, was er möchte: Daß Urija bei seiner Frau Batseba schläft. Aus Solidarität mit seinen Soldaten an der Front betritt Urija das Schlafzimmer nicht. Vielleicht war Batseba verändert? Es wird also herauskommen, daß das Kind nicht vom Ehemann ist.

27 Natan

Prophet und richterlich-geistliche Höchstinstanz sogar über den König (was es nach David so nicht mehr gab) erscheint bei David und erzählt die Geschichte von dem armen und dem reichen Mann und dem einzigen geliebten Lämmlein des Armen, das ihm der Reiche wegnimmt und schlachtet. David braust auf und verlangt, den Mann herzuschaffen, damit er ihn richte. Darauf Natan: Der Mann bist du!
Was David von den meisten Mächtigen unterscheidet: er gesteht sein Verbrechen ein, geht in sich und ist fähig zu Umkehr und Buße.

Natans Wort hat ihn wie eine Keule getroffen – aber es geht weiter: Wie Fausthiebe sausen dann die Vorwürfe des Propheten auf den Zerknirschten herunter: »Ich habe dich zum König über Israel gesalbt. Ich habe dich aus der Hand des Saul gerettet. Ich gab dir deines Herrn Haus, die Weiber deines Herrn an deinen Busen. Ich gab dir Israels und Judas Haus. Und wäre das zu wenig, so wollte ich dir noch gerne dies und das geben, spricht der Herr. Warum hast du des Herrn Wort mißachtet und getan, was ihm mißfällt? Nun also weiche nie das Schwert aus deinem eigenen Haus zur Strafe dafür, daß du mich mißachtet, daß du das Weib Urijas, des Hethiters, dir zum Weib genommen!« (2 Sam 12,8–10)
Die familiären Querelen und Bluttaten der Davidsöhne sind programmiert.

29 David

untröstlich, weil Batsebas Kind schwer erkrankt ist. Er verweigert die Nahrung, und die ganze Dienerschaft ist beunruhigt und fürchtet das Schlimmste. Und als das Kind nach sieben Tagen gestorben war, wagt es ihm keiner zu sagen. David errät es an ihrem Getuschel. (2 Sam 12,15–19)

der Kronprinz, hat sich in seine schöne Halbschwester Tamar verliebt. Auf den Rat eines Freundes stellt er sich krank, so daß der König ihn besuchen kommt. Dabei kann er ihm den Wunsch vortragen, daß Tamar kommen und ihm sein Lieblingsgericht zubereiten möge. Der König stimmt zu, und als Tamar ihm das Essen reicht, packt und vergewaltigt er sie. Dann jagt er sie in einem jähen Umschlag seiner Gefühle aus dem Haus.
Absalom ist Tamars Vollbruder und sinnt auf Rache. Bei einem Prinzenbankett, zu dem er auch Amnon einlädt, läßt er ihn ermorden. (2 Sam 13)

E. Walter 93

31 Absalom

Seinen Halbruder Amnon, nachdem dieser seine Schwester Tamar vergewaltigt hatte, ließ er bei einem Bankett meuchlings ermorden. Dafür wurde er von David verbannt, und selbst nach der Rückkehr durfte er sich lange nicht mehr vor dem König sehen lassen. Trotzdem liebt ihn dieser abgöttisch. Absalom gilt als der schönste Mann Israels und muß David wohl ähnlich gesehen haben. Wie sonst konnte der König die ehrgeizigen Machenschaften und Aktionen übersehen, mit denen Absalom systematisch die Revolte vorbereitete.

23.10.70
Absalom

im Glanz der Macht, deren Preis die Einsamkeit ist. Wem kann man trauen, wenn man ganz oben steht? Seine Menschenkenntnis hat ihn vieles zu durchschauen gelehrt und davor bewahrt, sich von Schmeichlern korrumpieren zu lassen. Das Abgrundwissen enthält alle Verwundungen eines großen Lebens und läßt sie in seinen Psalmen und Liedern zum Menschheitsgut gerinnen. Der König als Dichter, Beter und Sänger – so löst sich die Einsamkeit wieder auf im Urvertrauen des Erwählten, der sich vom Größeren getragen weiß.

33 Die Frau aus Tekoa

Nach Amnons Ermordung wird Absalom von David verbannt. Auf Betreiben des Generals Joab, der diese couragierte Frau mit einer erfundenen Geschichte zu David vorschickt, um Absaloms Begnadigung zu erwirken, darf dieser zurückkommen, wird aber unter Hausarrest gestellt mit dem strikten Verbot, vor dem König zu erscheinen. Erst nach zwei Jahren, wieder durch Intervention Joabs, erfolgt die Begnadigung.
Während die Frau dem König ihre Geschichte vorschwindelt, durchschaut David das Spiel und sagt ihr auf den Kopf zu, daß Joab hinter allem stecke und die Geschichte erfunden sei. Sie nennt David dafür »weise wie ein Engel Gottes.« (2 Sam 14)

Bei Absaloms Revolte war Davids erster Staatsrat zu Absalom übergelaufen und war nun dessen wichtigster Mann. Für David, wenn er nicht untergehen wollte, war nun das allererste, Achitophels Rat bei Absalom auszuschalten. Mit diesem Auftrag läßt er bei seiner Flucht als Meisterspion seinen Freund Chusai in Jerusalem zurück. Über Geheimkuriere hält Chusai mit dem König Verbindung.
Achitophel gibt Absalom den Rat, dem König sofort nachzusetzen und ihn zu schlagen, bevor er Kräfte sammeln könne. Dann fragt er Chusai und dieser rät ab, sofort loszuschlagen. Man müsse selber Zeit gewinnen, David sei ein alter Kriegslöwe. Als Absalom dem Chusai recht gibt, geht Achitophel heim und erhängt sich.

35 Abisai

der mittlere der drei Seruja-Söhne, alle drei Offiziere. Abisai blieb immer im Schatten des Ältesten und Tüchtigsten, aber auch Skrupellosen: Joab. Der Jüngste war Asahel, der im Zweikampf mit Sauls General Abner gefallen war.

auf der Flucht von Simei, einem Verwandten der Sauldynastie, beschimpft. Simei wirft Steine und verflucht David als Usurpator und Mörder.
»Fort, fort! Blutmensch, Ruchloser! Der Herr bringt über dich all das Blut des Hauses Sauls, für den du König geworden bist ...« (2 Sam 16,7–8 ff)
Abisai, Serujas Sohn, sagt zum König: »Warum soll dieser tote Hund meinem König fluchen? Ich will hinüber und ihm den Kopf abschlagen.« David verbietet es ihm: »Vielleicht sieht der Herr mein Elend. Dann gibt mir der Herr Glück anstelle der Verfluchung von heute ...«

37 Siba

Der Gutsverwalter Mephibosets, des Sohnes von Jonatan und einzigen Überlebenden aus dem Hause Sauls, kommt dem fliehenden David mit Lebensmitteln und Geschenken entgegen. Auf Davids Frage, wo denn sein Herr sei, wird dieser von Siba verdächtigt und verleumdet: »Er hat gesagt: Heute gibt mir Israel das Königtum meines Vaters zurück.« (2 Sam 16,3)
Mephiboset war an den Beinen gelähmt und konnte David nicht ernsthaft gefährlich werden. Trotzdem war er, wohl zur besseren Überwachung, mit einer Leibrente an den Hof versetzt worden.

auf dem Rückweg nach Jerusalem. Nichts ist mehr wie zuvor. Eine neue Revolte bahnt sich an, genährt von der alten Rivalität zwischen den Nordstämmen und Juda. Die mit großem Geschick von David gekittete Einheit wird nach dem Tod von Davids Sohn Salomo endgültig auseinanderbrechen. Anzeichen der Müdigkeit sind dem König anzumerken, fast jeder Augenblick verlangt von ihm weittragende Entscheidungen, die er mit einer wachsenden Skepsis seiner gesamten Umgebung gegenüber trifft.

7.1.79

C Walter

Indem er sich vor David gegen Sibas Verleumdung verteidigt, scheint die Bitterkeit der körperlichen Behinderung sich auch auf seine Seele zu legen: »Mein ganzes Vaterhaus ist bei meinem Herrn, dem König, nur dem Tod verfallen. Du aber setzest deinen Sklaven unter deine Tischgäste. Was für ein Recht hätte ich noch, mich beim König zu beklagen?« (2 Sam 19,29)
David glaubt ihm, aber doch nicht ganz. Das Gift von Sibas Verleumdung ist in Davids altes Trauma, seine Herrschaft rechtfertigen zu müssen, eingedrungen. Er hat sein Königtum aus keiner legitimen Erbfolge, sondern aus der Erwählung durch JHWH. Gegen Saul, gegen Jonatan und gegen Mephiboset.

41 Tamar

Sie war von Amnon, ihrem Halbbruder und Davids Kronprinz, vergewaltigt worden. Dafür hatte wieder Absalom, Tamars Vollbruder, Rache genommen und Amnon ermorden lassen. Absalom wurde verbannt und auf Joabs Betreiben schließlich begnadigt. Dann machte er den Aufstand, der ihn das Leben kostete. Er starb von der Hand Joabs.
Dies alles erlebt Tamar, seit ihrer Schändung eine Schattenexistenz, als sie unmittelbar betreffend mit. Ein Leben im Bannkreis der Macht. Verpfuscht? Wir wissen es nicht. Vielleicht hat die Davidstochter etwas anderes, dennoch Ganzes daraus gemacht.

42 David

Ein Gesicht, in dem so viel Wüste ist wie Fruchtbarkeit.

43 David

in der beruhigten Würde des alten Königs.

ihrerseits älter geworden und erfahren im Umgang mit der Macht. David hat ihrem Sohn Salomo den Thron versprochen. Aber die Verhältnisse sehen für diese Nachfolge eher bedrohlich aus. Adonia strebt an die Macht und wird von Joab unterstützt. Man muß jetzt die Figuren richtig setzen.

45 Seruja

die alte Mutter von Joab, Abisai und Asahel, dreier Offiziere. Asahel war von der Hand Abners gefallen, nachdem er diesen zum Zweikampf herausgefordert hatte, und Joab hatte Abner dafür meuchlings ermordet. Joab spielt immer noch eine erste Staatsrolle, obwohl von Davids Rachesinn überschattet wegen der Ermordung Abners.
Als Mutter solcher Söhne gibt es viel zu bedenken und auszuhalten. Schließlich ist sie eine Schwester Davids mit vielleicht verwandtem Temperament.

46 Der Priester Ebjatar

Er war bei dem Massaker Sauls an der Priesterfamilie des Achimelek als einziger entkommen. So war er als rechtmäßiger Priesternachkomme für Davids Königtum von unschätzbarem Wert. Er begleitet als Oberpriester die ganze 40jährige Regierungszeit Davids (7 Jahre in Hebron, 33 Jahre in Jerusalem; 33 Jahre ist die Lebenszeit Jesu). Bei Absaloms Revolte bleibt Ebjatar loyal und maßgeblich an der Seite Davids. Erst am Schluß, als in einem dramatischen Staatsakt durch David auf dem Sterbebett Salomo zum König proklamiert wird, hatte er sich für Adonia entschieden. So wird er von Salomo abgesetzt, an seine Stelle kommt Sadok.

47 David

vor der Entscheidung, die Nachfolge zu regeln. Er hätte dazu kaum noch Kraft gehabt, wenn ihn nicht Natan mit Batseba im Hintergrund gezwungen hätte. David wurde 70 Jahre alt, das biblische Vollmaß des Irdischen. 40 Jahre davon hat er regiert, und das bedeutet wiederum die Zeit überhaupt. David ist immer König. Nach der jüdischen Überlieferung (Weinreb) hat Adam, der 930 Jahre alt wurde, von seinen 1000 Jahren Lebenszeit 70 Jahre an David abgetreten, damit der Erlöser kommen kann. Jesus ist »der Sohn Davids«.

Sohn der Haggit, kann nicht abwarten, bis David tot ist, um selber König zu spielen. Er benimmt sich wie ehemals Absalom, schafft sich eine Leibgarde an und bringt Joab (und damit das Militär) und Ebjatar (als Haupt der Geistlichkeit und Justiz) auf seine Seite. Aber der Traum ist kurz: von David selbst wird Salomo eingesetzt.
Adonia hätte vielleicht sein Leben retten können, wenn er in blindem Ehrgeiz nicht einen zweiten Anlauf versucht hätte: Er verlangt die junge Abisag von Sunam, die letzte Bettgenossin des alten und kranken David, zur Frau. Salomo erkennt darin Adonias erneuten Anspruch auf den Thron. Seine Antwort ist das sofortige Todesurteil.

49 Batseba alt

Von Natan angetrieben, nimmt Batseba entschlossen das Heft in die Hand und geht zu David, um ihn an sein Versprechen zu erinnern, daß Salomo sein Nachfolger werde. Die Polygamie mit den Söhnen verschiedener Frauen schafft schwere dynastische Probleme. Schon hat sich Adonia zum König ausrufen lassen mit Joab und Ebjatar, hinter denen beiden das Heer und die Hierarchie stehen, an seiner Seite. Die Zeichen stehen auf Sturm, aber der Coup gelingt. David proklamiert höchstselbst und feierlich Salomo zum König, indem er ihm noch lebend den Thron räumt. Batseba wird als Königinmutter neben Salomo eine bedeutende Rolle spielen.

E Walter 87

alt und krank. Seine Beschlüsse werden ihm jetzt eher abgenötigt von Natan, der als Hausprophet die Stimme Gottes und damit die oberste richterliche Instanz vertritt.

51 Abischag von Sunam

Man suchte für den alten und gebrechlich gewordenen König ein schönes, vermutlich auch liebes Mädchen, damit sie ihn im Bett wärme. Von ihr selbst ist kein Wort überliefert, das sie gesprochen hat – aber sie wurde nach Davids Tod zum Anlaß der persönlichen Tragödie des Adonia, weil dieser sie zur Frau verlangte.

E. Wa 94

erteilt Salomo, den er eben zum König ausrufen ließ, letzte Anweisungen, Worte wie Steinblöcke. (1 Kön 2,1–4)
Dann folgt eine Reihe unbeglichener Rechnungen, die er an Salomo weitergibt. Sie betreffen:
Joab – er soll hingerichtet werden für seine Morde an Abner und Amasa.
Simei – er soll für seine Verwünschungen, obwohl ihm David vergeben hatte, doch noch mit dem Leben büßen.
Barsillai – er und seine Familie sollen von Salomo belohnt werden für tatkräftig erwiesene Hilfe beim Aufstand des Absalom.
Der Alte hat nichts vergessen, und die Abrechnung überträgt er Salomo. Die Gerechtigkeit muß hier vollzogen werden; vom Jenseits weiß er nichts.

53 David

Was bleibt? Alles hatte leuchtend angefangen, es gab die Harfe und die Lieder vor Saul, die erste Liebe zu dieser störrisch-süßen Mikal und den Sieg über Goliat. Dann die Flucht, Entbehrungen, Hoffnungen, und schließlich Sieg über Sieg, Jonatan, und dann die eigenen Kinder. Batseba, Natan, Salomo, Amnon, Absalom, was bleibt? Eine Hoffnung über das alles hinaus. Ein rätselhaftes Vertrauen auf mehr …

54 Salomo

Junger König. Er betet, sehr weise, um Weisheit. Aber wenn er alt sein wird, befolgt er nicht mehr die Weisungen seines Vaters David. Die Tora in Menschenhand oder gar, wie in Jesus geschehen, Gott selber in Menschenhand, was wird daraus? Schließlich das Kreuz.

Saul und David V

In der Geschichte von Saul und David – wie in den biblischen Geschichten überhaupt – werden die handelnden und ihr Schicksal erleidenden Menschen unmerklich größer, als sie aus sich selber sind. JHWH ist die eigentliche bewegende Kraft hinter solchen Gestalten wie Samuel, Saul oder David. Er spielt mit als der Gebieter und Vater in letzter, aber durchaus spürbarer Instanz in der Geschichte dieses Volkes und dieser Dynastie – er ist die bewegende Kraft, aber nicht als Diktator, sondern als mächtiger Partner. Das macht den Hintergrund so tief und den Ablauf so frisch.

Grausam kommen uns Heutigen viele dieser Geschichten vor. Die Helden, aber nicht nur sie, sondern auch scheinbar nebensächliche Randfiguren, sind der blanken Norm, wie wir sie in den totalitären Systemen unseres Jahrhunderts wieder kennengelernt haben, völlig ungeschützt ausgeliefert. Diese Norm tritt richterlich und unerbittlich auf in der Person von Propheten und Erwählten wie Samuel oder Natan – aber eben nicht im Namen einer Ideologie, sondern im Namen des lebendigen Gottes, des Einen und Einzigen, der Gott ist. Und sie tritt nicht nur für die Rechte dieses Gottes und seiner Gebote auf, sondern mitten im despotischen Orient für die Rechte des Menschen gegen die Willkür des Menschen. Daß wir heute von Menschenrechten sprechen können, hat dort bzw. im mosaischen Liebesgebot seinen Anfang und seinen Grund. Vermutlich ist unsere Zeit viel grausamer als diejenige der biblischen Propheten und Könige, allerdings auch bequemer und sentimentaler, wenigstens im sogenannten freien Teil der Welt. Jene haben den Anspruch der immer gleichen Wahrheit ohne Polster auszuhalten. Da gibt es keine psychischen Pufferzonen, keine Humanismen oder rhetorische Zerfaserung, sondern Rede gibt Gegenrede, Tat (oder Untat) ergibt Lohn oder Strafe. Befehl findet Gehorsam oder Ungehorsam. Und dem folgt Buße oder Verstocktheit. Also ein Schema und Gewaltprogramm, nach dem das Stück abläuft wie eine antike Tragödie? Nein, gerade nicht, sondern das Stück ist voll von Überraschung und unerwarteten Wendungen, ein Wirrwar von Schuld, Zumutungen, Blut und Ränken gewiß, aber es ist zugleich mehr da, und dieses Etwas ist der Regie führende Faktor: All das Erzählte dreht sich trotz allen Grauens nicht im Karussell sinnloser Permanenz, sondern jede Tat erfährt ihre Einordnung vor der absoluten Instanz, und diese ist nicht die Fratze irgendeines Dämons oder Zufalls, sondern persönlich erfahrene

VI Liebe. Es gibt nichts Nebliges oder Geschöntes, keine Worte um ihrer selbst willen.

Von diesen Erzählungen um Saul und David ist es nicht weit zu Shakespeare. Die Urangst der Kreaturen ist ihnen so wenig fremd wie die Abgründe des Bösen, aber auch die Höhen einer Menschlichkeit, die über den Dunst und die möglichen Mißverständnisse jeder Zeit hinausragen. Man kann sie lesen wie einen Krimi. Welche Meisterschaft der Menschenzeichnung mit knappsten Mitteln, fast nur durch das, was diese Menschen sprechen, denn Situations- oder Seelenschilderungen gibt es nicht. Ob sie lügen oder die Wahrheit sagen: sie erstehen mit einer Dichte aus ihrer Rede, daß man gar keine derartige Schilderung vermißt. Das Wort enthält den Menschen. Eine Art Fleischwerdung des Wortes, also schon hier vor dem Neuen Testament.

Unabhängig von ihrer Geschichtlichkeit sind die Geschehnisse der Bibel zeitlos präsent und immer gültig. Das Alte Testament partizipiert bereits am Neuen Testament. Das Vorher und Nachher ist unerheblich, mehr noch: es ist aufgehoben in der Allgültigkeit.

David und Saul ist dasselbe wie Erwählung und Verwerfung. Beide Begriffe sind strikt anti-emanzipatorisch und dem progressiven Hirn ein Greuel. Selbstbestimmung und Selbstverwirklichung, nicht Erwählung durch einen Größeren heißen die uns geläufigen Vokabeln, und statt Verwerfung setzen wir ohne Zögern Durchsetzungsvermögen, Wahl- oder Klassenkampf. Gleiche Chancen für alle, weil alle gleich sind? Aber sind alle gleich?

Nach der Bibel offenbar nicht. Hier gibt es keine Chancengleichheit, weil jeder mit ganz verschiedenen Voraussetzungen antritt, und denen hat er gerecht zu werden. Vermutlich sollen wir auch deshalb nicht richten, denn wir verfügen von uns aus gar nicht über die Perspektive, um gerecht zu sein. Jedenfalls nicht aus uns. Gerechtigkeit ist etwas Übergroßes und Sache Gottes. Das entbindet uns aber nicht, an jener gemessen zu werden.

Erfolg und Mißerfolg wären für die Schicksale von David und Saul zeitgemäße Kennzeichnungen, aber sie reichen nicht bis in die Tiefe der Gestalten. Eine andere Dimension ist es, die diesen Blöcken das Schwindelerregende gibt: die JHWH-Dimension. Sie ist einem modern-wissenschaftlich Denkenden kaum nachvollziehbar. Welche Plattheit und welcher Verlust! Saul ist dann nicht mehr Saul und David nicht mehr David. Die blühenden Farben des Urgrundes, auf dem sie stehen und agieren, verschwinden. Die Figuren werden zu Schemen einer eingeebneten Mechanik.

Saul und David haben etwas zwischen sich, was wichtiger und größer ist als sie selbst: die Hauptperson ist Samuel und durch Samuel JHWH. Ohne JHWH gibt es das nicht, was David bedeutet oder Saul, und erst recht nicht, was Samuel heißt oder Natan. Denn diese Propheten korrigieren die Könige. David hatte nach allem, was wir wissen, kein Jenseitsglauben, was ein persönliches Fortleben betrifft. Aber welcher richterlichen Instanz unterwirft er sich selbst! Ohne etwas zu fordern von dem Ewigen, der jeden Anspruch verbietet, weiß er sich geliebt und überläßt sich. Dieses Unmoderne an David wie an Saul macht ihre Größe aus.

Das Drama Saul–David immanent-analytisch erklären zu wollen, ist zwar interessant, weil es sich um einen Intrigen- und Machtkampf handelt, wie es mit Varianten vermutlich Tausende in der Menschheitsgeschichte gegeben hat und geben wird, immer nach dem gleichen Muster. Aber das Wichtigste, weshalb diese Saul- und David-Geschichte geschrieben ist, wäre weg. Zwischen den Personen, die ihren Traggrund und ihre Tiefenkraft verlieren würden, wäre nur noch der flache Teich der Ermittlungen und Informationen, die keine sind. Im psychologisierenden Darinherumtauchen, das den Sumpf aufwirbelt, kann dieser nur trüber werden. Und die bösen Blumen, die ihn füllen, werden entwurzelt und verfaulen schließlich in Zynismus. Was leisten unsere Informationssysteme und Technologien? Zuletzt sind sie gigantische Verstellungen und Versperrungen, eine Maschinerie der Vernebelung, mit der das ursprüngliche Bild von Ding und Mensch verhüllt und mehr erstickt als freigelegt wird.

Ein wissender Gott ist JHWH; von Ihm werden die Taten abgewogen! (1 Sam 2,3)

Ziehen wir diesen JHWH ab, so bleibt gewiß ein hinreißendes, altertümelndes Heldenepos: *Saul*, der Liebens- und Bemitleidenswerte, der unsere ganze Teilnahme verdient, weil seine Verwerfung und Zerrüttung alle Anzeichen der Willkür des JHWH (für uns) hat, denn was sind schon seine Vergehen: Er war etwas ungenau im Gehorsam gegen Samuels Anweisungen und hat Agag, den gefangenen König von Amalek, geschont (1 Sam 15). Er war das, was wir human und zivilisiert oder mitfühlend nennen. Und *David* der Geliebte, Bevorzugte (= sein Name!), mit Sympathien Überzeichnete, der sowohl politisch wie militärisch, dichterisch wie musikalisch überaus Begabte, ein Allround-Genie, das allen Glanz wie ein Magnet auf sich sammelt: war er nicht auch sehr grausam, hinterhältig und rachsüchtig?

Aber David ist eben nicht nur hell, und Saul ist nicht nur dunkel. Es wird über sie befunden von woanders. Sie zu beurteilen, dieses Recht steht uns nicht zu, vielmehr unterstehen wir selber diesem Recht. Die Autonomie des Menschen ist im Licht der Bibel nicht nur eine Täuschung, sondern Raub und Anmaßung. Das immerwährende Essen vom Baum der Erkenntnis (= Selbstbestimmen, was gut und was böse ist). Das sogenannte „Moderne", soweit es Autonomie des Menschen meint, ist gar nicht modern. Es ist so alt wie die Menschheit, nur wird es immer mit neuen Namen aufgeputzt. Diese Emanzipation (= sich aus der Hand losreißen), geradezu das Kennzeichen eines sich modern verstehenden Bewußtseins und als Errungenschaft gepriesen, ist das Unglück und, wenn wir auf die Propheten hören, der Untergang des Menschen, es sei denn, der Kurs wird korrigiert.

VIII

David, der am Ende seines Lebens eine Volkszählung durchführen läßt (wie verständlich, ja selbstverständlich für einen Staatschef, für den Statistik und soziologische Erhebungen unentbehrlich sind!), wird dafür bestraft. Hier ist David modern: die Menschen sind für ihn Nummern und als solche für die Macht verfügbar gemacht. Aber nicht er, der Schuldige selbst, wird mit der Pest geschlagen, sondern das Volk. Die Unschuldigen müssen das Vergehen ausbaden. Für den Mächtigen haften alle; wenn sie, die Mächtigen, vom Wahn erfaßt werden, greift die Pest aufs Ganze über. Ist das gerecht?

Die Macht ist notwendig, aber sie wird immer schuldig. Und das Verhängnis scheint nicht abwendbar.

Wer will die Rätsel auflösen?

Wer sie auflöst, schafft neue.

In Gestalten wie Saul und David werden Kräfte personifiziert, die wir auch in uns selber haben: Freude und Trauer, Licht und Dunkel, Liebe und Haß, Zuversicht und Verzweiflung sind die Gegensatzpaare, die wie das Ein- und Ausatmen unser Dasein bestimmen. Unser Leben steht unter dem Gesetz der Doppelheit, das in der ganzen Schöpfung gilt. Tag und Nacht gehören zusammen wie kalt und warm, trocken und feucht. Tod und Leben sind eins.

Um die Geschichte von Saul und David ranken sich eine ganze Reihe von Nebengeschichten, deren Figuren mitagieren und die großen Gestalten noch monumentaler werden lassen.

Emil Wachter

Zu den Bildern

Schon als Kind erlebte ich die Geschichten von David und Goliat oder Saul nicht wie etwas von außen, sondern aus dem Inneren Kommendes, so als hätte ich sie schon in mir gehabt, bevor sie mir erzählt wurden. Und im Erzählen und Wiederlesen wurden die Gestalten zugleich vertraut und übergroß.

Vom Anfang meines Zeichnens und Malens an hat mich das Bild des Menschen beschäftigt, zuerst als Porträt der Menschen meiner Umgebung. Ab den sechziger Jahren entstanden mehr und mehr auch freie, aus der Imagination gemalte Menschenbilder, ähnlich wie ein Romanschriftsteller seine Figuren erfindet. Unter diesen imaginären „Porträts" stellten sich dann viele als in der Bibel beheimatet heraus, darunter immer wieder und in den verschiedensten Lebensaltern auch David und die berühmten Namen, die in seinen Umkreis gehören. Es sind meist auf Papier gezeichnete oder mit Aquarell und Aquarellstiften gemalte Bildnisse von Gestalten, die wie Besucher kommen und sich vorstellen als der oder die und so erst ihren Namen erhalten. David also nicht, weil ich jetzt ein Bild von ihm malen möchte, sondern das Bild entsteht ohne Absicht, und beim Anschauen stellt sich heraus: Das ist David, oder so könnte Batseba ausgesehen haben. Keine Illustrationen also, sondern freie Bilder, die eine Geschichte mitbringen oder auch verschweigen.

Voraussetzung für diese Arbeitsweise ist freilich das Daheimsein in der Welt dieser Geschichten und nicht ein momentanes Eintauchen, um daraus Gewinn zu ziehen und Bilder zu produzieren. Die Bilder müssen reif sein, um kommen zu können, unverfügbar wie Träume.

Emil Wachter

1 *Der junge Samuel,* 1988
Aquarell und Aquastift auf Japanbütten, 28 x 21,5 cm, Privatbesitz
2 *Hannah,* 1988
Aquarell und Aquastift auf Japanbütten, 28 x 21 cm, Privatbesitz
3 *Isai,* 1988
Aquarell und Aquastift auf Japanbütten, 28 x 21 cm, Privatbesitz
4 *Saul,* 1988
Aquarell und Aquastift, 27,5 x 21 cm, Privatbesitz
5 *Der junge David,* 1988
Aquarell und Aquastift auf Japanbütten, 28 x 21 cm, Privatbesitz
6 *David wird zum König gesalbt,* 1989
Lithostift auf Papier, 28 x 21 cm, Privatbesitz
7 *Saul,* 1988
Aquarell und Aquastift auf Japanbütten, 28 x 21 cm, Privatbesitz
8 *David am Hof,* 1988
Aquarell und Aquastift auf Japanbütten, 28 x 21 cm, Privatbesitz
9 *Goliat,* 1983
Lithografie, 36 x 22,5 cm, Privatbesitz
10 *Jonatan,* 1989
Aquarell und Aquastift auf Japanbütten, 27,5 x 21 cm, Privatbesitz
11 *Mikal,* 1989
Aquarell und Aquastift auf Japanbütten, 28 x 21,5 cm, Privatbesitz
12 *Achimelek,* 1988
Aquarell und Aquastift auf Japanbütten, 27,5 x 21,5 cm, Privatbesitz
13 *Saul und Davids Schatten,* 1970
Aquarell und Aquastift auf Japanbütten, 55,5 x 44 cm, Privatbesitz
14 *Die Hexe von En Dor,* 1988
Aquarell und Aquastift auf Japanbütten, 27,5 x 21 cm, Privatbesitz
15 *David trauernd,* 1985
Tusche und Bleistift auf Japanbütten, 27,5 x 21 cm, Privatbesitz
16 *David,* 1988
Aquarell und Aquastift auf Japanbütten, 27,5 x 21 cm, Privatbesitz
17 *Abigail,* 1995
Aquarell und Aquastift auf Japanbütten, 41,5 x 28 cm, Privatbesitz

XII

18 *Wüste Juda,* 1979
Aquarell und Aquastift auf Japanbütten, 27,5 x 42,5 cm, Privatbesitz
19 *Mikal,* 1988
Aquarell und Aquastift auf Japanbütten, 28 x 21,5 cm, Privatbesitz
20 *David,* 1989
Aquarell und Aquastift auf Japanbütten, 27,5 x 21,5cm, Privatbesitz
21 *David sieht Batseba,* 1985
Aquarell und Aquastift auf Japanbütten, 27 x 21 cm, Privatbesitz
22 *Batseba,* 1982
Aquarell und Aquastift auf Japanbütten, 28 x 21 cm
23 *Mikal,* 1989
Aquarell und Aquastift auf Japanbütten, 28 x 21 cm, Privatbesitz
24 *Batseba,* 1989
Aquarell und Aquastift auf Karton, 28,5 x 11,2 cm, Privatbesitz
25 *David,* 1983
Aquarell und Aquastift auf Japanbütten, 27,5 x 21 cm, Privatbesitz
26 *David und Batseba,* 1988
Aquarell und Aquastift auf Japanbütten, 28 x 21,5 cm, Privatbesitz
27 *Natan,* 1981
Aquarell und Aquastift auf Japanbütten, 28 x 21 cm, Privatbesitz
28 *David,* 1988
Tusche auf Japanbütten, 27,5 x 21 cm, Privatbesitz
29 *David,* 1983
Aquarell und Aquastift auf Japanbütten, 28 x 21 cm, Privatbesitz
30 *Amnon,* 1993
Aquarell und Aquastift auf Japanbütten, 33 x 24,3 cm, Privatbesitz
31 *Absalom,* 1970
Aquarell und Aquastift auf Japanbütten, 61 x 42,5 cm, Privatbesitz
32 *David,* 1970
Aquarell und Aquastift auf Japanbütten, 53,5 x 38 cm, Privatbesitz
33 *Die Frau aus Tekoa,* 1988
Aquarell und Aquastift auf Japanbütten, 27 x 21 cm, Privatbesitz
34 *Achitophel,* 1988
Aquarell und Aquastift auf Japanbütten, 27,5 x 22 cm, Privatbesitz
35 *Abisai,* 1985
Aquarell auf Japanbütten, 28 x 21cm, Privatbesitz
36 *David,* 1990
Aquarell und Aquastift auf Japanbütten, 27,5 x 21 cm, Privatbesitz
37 *Siba,* 1988
Aquarell und Aquastift auf Japanbütten, 27,5 x 21 cm, Privatbesitz
38 *David,* 1989
Aquarell und Aquastift auf Japanbütten, 28 x 22 cm, Privatbesitz

39 *Jerusalem*, 1979
Aquarell und Aquastift auf Japanbütten, 27,5 x 43 cm, Privatbesitz
40 *Mephiboset*, 1983
Aquarell und Aquastift auf Japanbütten, 27 x 21,5 cm, Privatbesitz
41 *Tamar*, 1988
Aquarell und Aquastift auf Japanbütten, 27,5 x 21 cm, Privatbesitz
42 *David*, 1989
Aquarell und Aquastift auf Japanbütten, 28 x 21 cm, Privatbesitz
43 *David*, 1989
Aquarell und Aquastift auf Japanbütten, 28 x 21 cm, Privatbesitz
44 *Batseba*, 1989
Aquarell und Aquastift auf Japanbütten, 27,5 x 21 cm, Privatbesitz
45 *Seruja*, 1989
Aquarell und Aquastift auf Japanbütten, 28 x 21,5 cm, Privatbesitz
46 *Der Priester Ebjatar*, 1983
Aquarell und Aquastift auf Japanbütten, 28 x 21 cm, Privatbesitz
47 *David*, 1985
Aquarell und Aquastift auf Japanbütten, 27 x 21 cm, Privatbesitz
48 *Adonia*, 1986
Aquarell und Aquastift auf Japanbütten, 27,5 x 21,5 cm, Privatbesitz
49 *Batseba alt*, 1987
Aquarell und Aquastift auf Japanbütten, 27,5 x 21 cm, Privatbesitz
50 *David*, 1983
Aquarell und Aquastift auf Japanbütten, 27,5 x 21 cm, Privatbesitz
51 *Abischag von Sunam*, 1994,
Aquarell und Aquastift auf Japanbütten, 28 x 21 cm, Privatbesitz
52 *David*, 1988
Aquarell und Aquastift auf Japanbütten, 28 x 21 cm, Privatbesitz
53 *David*, 1989
Aquarell und Aquastift auf Japanbütten, 27 x 21 cm, Privatbesitz
54 *Salomo*, 1988
Aquarell und Aquastift auf Japanbütten, 28 x 21 cm, Privatbesitz

XIV Emil Wachter

1921	Am 29. April in Neuburgweier bei Karlsruhe geboren.
1939	Abitur, Wehrdienst, Typhuserkrankung.
1940	Entlassung aus dem Lazarett. Beginn des Studiums der Theologie und Philosophie an der Universität Freiburg/Breisgau.
1941–1946	Militärdienst in Rußland und Frankreich, Kriegsgefangenschaft.
1946–1948	Fortsetzung und Abschluß des Studiums der Theologie und Philosophie. Aufgabe der theologischen Laufbahn. Erste Reise nach Paris.
1949–1954	Studium an der Kunstakademie in Karlsruhe bei Karl Hubbuch, Carl Trummer, Erich Heckel.
1949	Erstes Glasmosaik und drei Glasfenster für die St. Suso Notkirche, Ulm.
1955	Kunstpreis der Jugend Baden-Württemberg.
1956	Kunstpreis der Stadt Karlsruhe.
1958	Berufung an die Kunstakademie in Karlsruhe als künstlerischer Lehrer für Malerei. Graphikpreis der Gesellschaft der Freunde junger Kunst in Baden-Baden.
1959	Erste Arbeit in Betonglas.
1962	Erste imaginäre Porträts.
1963	Aufgabe der Lehrtätigkeit an der Karlsruher Kunstakademie, tätig als freischaffender Künstler.
1967	Entstehung der ersten Betonreliefs.
1971	Beginn der Betonarbeiten in Osterburken, St. Kilian (bis 1974).

1974	Aufenthalt in Bonn, um Politiker zu porträtieren (bis 1975).
1975	Staatspreis „Kunst am Bau“ des Landes Rheinland-Pfalz.
1976	Beginn der Arbeiten an der Autobahnkirche Baden-Baden, Betonbildwerk und Betonverglasung.
1978	Verdienstmedaille des Landes Baden-Württemberg. Staatspreis für Architektur und Bildende Kunst des Landes Rheinland-Pfalz.
1979–1985	Mitglied des Zentralkommitees der deutschen Katholiken, Bonn.
1983	Zweite Reise nach Israel, Ausstellung in Tel Aviv. Ernennung zum Professor.
1996	Ehrenbürger der Heimatgemeinde Neuburgweier bei Karlsruhe.

ab 1948	Viele Reisen durch alle westeuropäischen Länder, durch Slowenien, Rumänien, Polen und Rußland, den Vorderen Orient, Nordafrika und die USA.
ab 1952	Aufträge für sakrale Räume und profane Bauten in Form von Glasfenstern, Deckengemälden, Wandmalereien, Wandteppichen, Altarbildern (Tafelmalerei) und Betonarbeiten, bisweilen auch in Verbindung mit skulpturalen Gestalten.
ab 1966	Zahlreiche Veröffentlichungen von monographischen Werken und Ausstellungskatalogen.

Die Deutsche Bibliothek – CIP-Einheitsaufnahme
Wachter, Emil:
König David / Emil Wachter. Mit einer Hinführung von Karl Lubomirski
und Texten von Emil Wachter. – Ostfildern : Schwabenverl., 1996
ISBN 3-7966-0792-6
NE: HST

Layout: Wolfgang Sailer, Schwabenverlag
Satz: Schwabenverlag AG, Ostfildern
Reproduktionen: C+S Repro, Filderstadt
Herstellung: MZ Verlagsdruckerei GmbH, Memmingen
Printed in Germany

ISBN 3-7966-0792-6